Impressum
Verlag: BABADADA GmbH, Nedderfeld 112 , 22529 Hamburg
Geschäftsführer / Verlagsleitung: Harald Hof
Druck: Books on Demand GmbH, In de Tarpen 42, 22848 Norderstedt

Imprint
Publisher: BABADADA GmbH, Nedderfeld 112 , 22529 Hamburg, Germany
Managing Director / Publishing direction: Harald Hof
Print: Books on Demand GmbH, In de Tarpen 42, 22848 Norderstedt

shule

sekolah

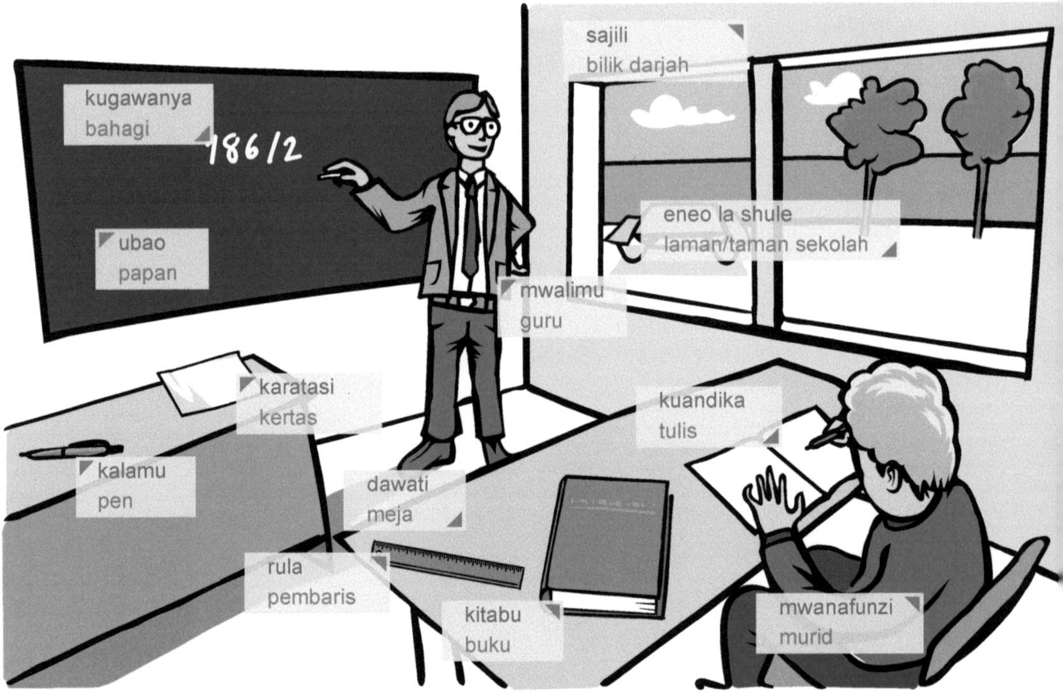

sajili
bilik darjah
kugawanya
bahagi
186/2
ubao
papan
eneo la shule
laman/taman sekolah
mwalimu
guru
karatasi
kertas
kuandika
tulis
kalamu
pen
dawati
meja
rula
pembaris
kitabu
buku
mwanafunzi
murid

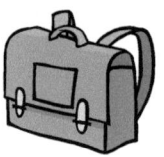

mkoba

beg galas

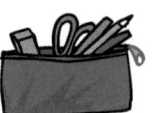

kikasha cha penseli

kotak pensel

penseli

pensel

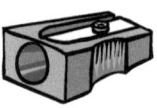

kichonga penseli

pengasah pensel

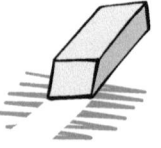

mpira

pemadam

pedi ya kuchora

kertas lukisan

uchoraji

melukis

brashi ya rangi

berus lukis

sanduku la rangi

kotak warna

mkasi

gunting

gundi

gam

daftari

buku latihan

kazi ya nyumbani

kerja rumah

nambari

nombor

jumlisha

tambah

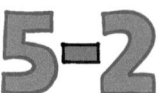

ondoa

tolak

zidisha

darab

kokotoa

kira

barua

huruf

alfabeti

abjad

neno

kata

maandishi

teks

kusoma

baca

chaki

kapur

somo

pelajaran

sajili

daftar

uchunguzi

peperiksaan

cheti

sijil

sare za shule

uniform sekolah

elimu

pendidikan

elezo

ensiklopedia

chuo kikuu

universiti

darubini

mikroskop

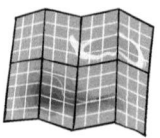

ramani

peta

kikapu cha kuweka karatasi chafu

bakul sampah

usafiri
berjalan

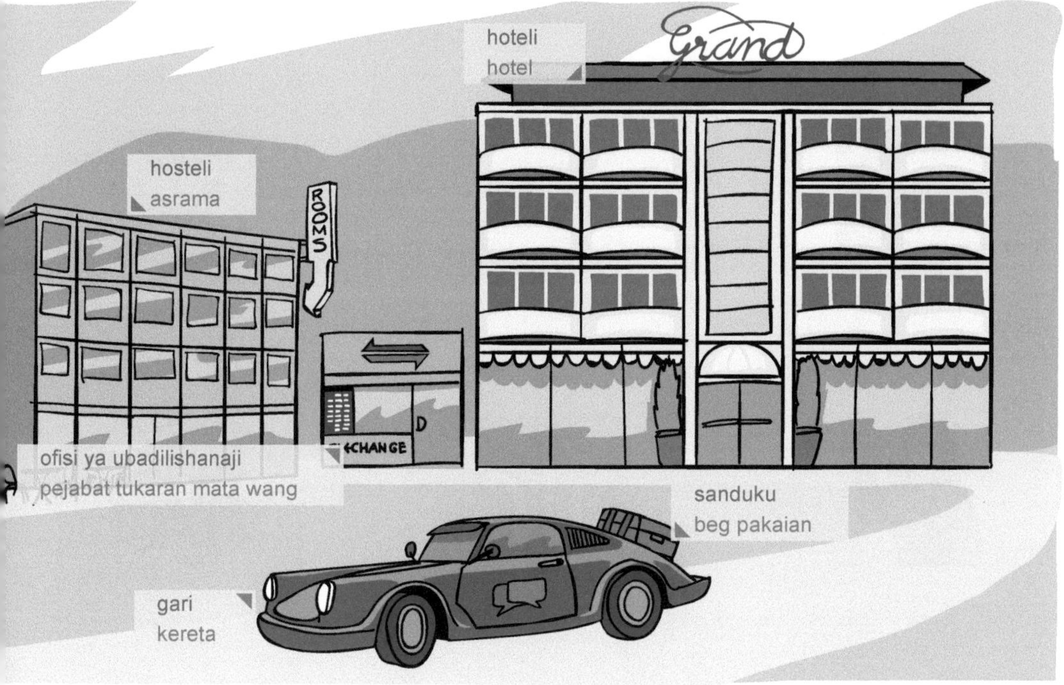
hoteli
hotel
Grand
hosteli
asrama
ROOMS
ofisi ya ubadilishanaji
pejabat tukaran mata wang
sanduku
beg pakaian
gari
kereta

lugha

bahasa

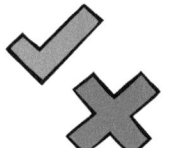

ndiyo / la

ya / tidak

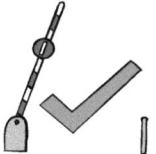

sawa

okey

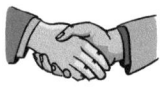

hujambo

helo

mtafsiri

penterjemah

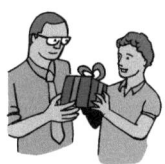

Asante

Terima kasih

kiasi gani ni ...?

berapa banyak...?

Sielewi

saya tidak faham

tatizo

masalah

Jioni njema!

Selamat petang!

Habari za asubuhi!

Selamat Pagi!

Usiku mwema!

Selamat Malam!

kwa heri

selamat tinggal

mwelekeo

arah

mizigo

bagasi

mfuko

beg

shanta

beg galas

mgeni

tetamu

chumba

bilik tidur

begi la kulalia

beg tidur

hema

khemah

taarifa ya utalii

maklumat pelancong

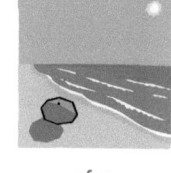

ufuo

pantai

kadi

kad kredit

kifunguakinywa

sarapan

chakula cha mchana

makan tengah hari

chakula cha jioni

makan malam

tiketi

tiket

kuinua

lif

muhuri

setem

mpaka

sempadan

mila

kastam

ubalozi

kedutaan

visa

visa

pasipoti

pasport

usafiri
pengangkutan

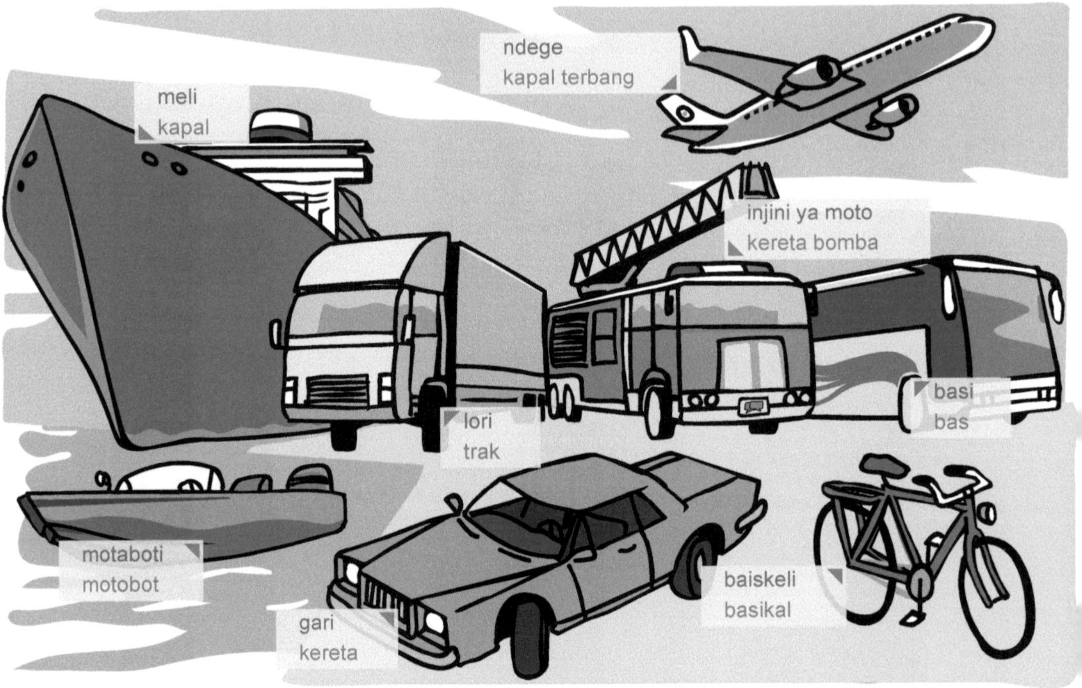

ndege
kapal terbang
meli
kapal
injini ya moto
kereta bomba
basi
bas
lori
trak
motaboti
motobot
baiskeli
basikal
gari
kereta

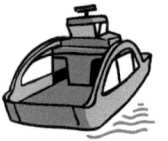

feri
feri

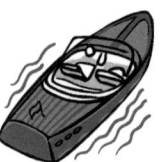

mashua
bot

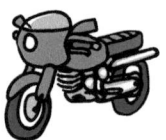

pikipiki
motosikal

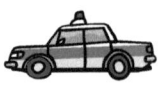

gari la polisi
kereta polis

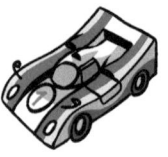

gari la mashindano
kereta lumba

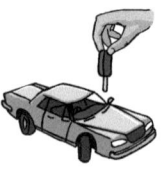

gari la kukodisha
kereta sewa

kushiriki gari

berkongsi kereta

lori la kuvuta

trak tunda

ukusanyaji taka

trak menolak

motor

motor

mafuta

bahan api

kituo cha mafuta

stesen minyak

ishara trafiki

tanda trafik

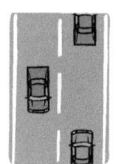

trafiki

trafik

msongamano

kesesakan lalu lintas

maegesho

tempat parkir

kituo cha treni

stesen kereta api

reli

trek

garimoshi

kereta api

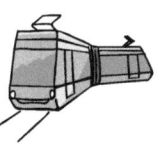

tremu

trem

gari la mizigo

gerabak

helikopta

helikopter

uwanja wa ndege

lapangan terbang

mnara

Menara

abiria

penumpang

chombo

bekas

katoni

kadbod

mkokoteni

kart

kikapu

bakul

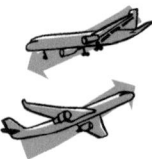

ondoka

berlepas / mendarat

jiji

bandar

kijiji

kampung

katikati ya jiji

pusat bandar

nyumba

rumah

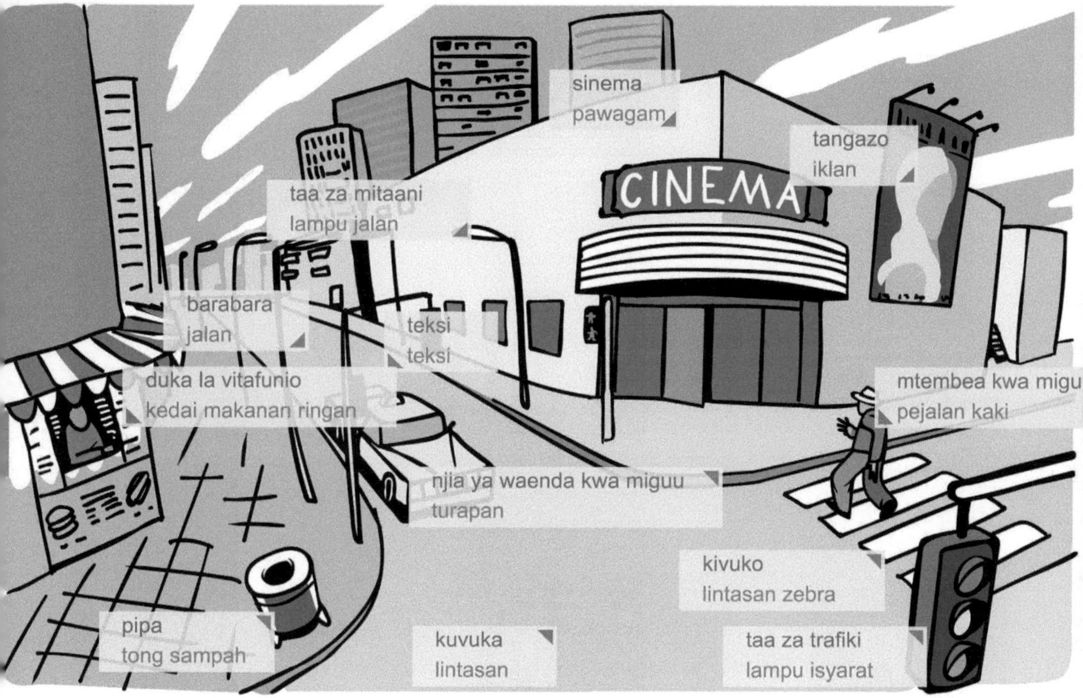
sinema
pawagam
CINEMA
tangazo
iklan
taa za mitaani
lampu jalan
barabara
jalan
teksi
teksi
duka la vitafunio
kedai makanan ringan
mtembea kwa migu
pejalan kaki
njia ya waenda kwa miguu
turapan
kivuko
lintasan zebra
pipa
tong sampah
kuvuka
lintasan
taa za trafiki
lampu isyarat

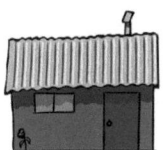

kibanda

pondok

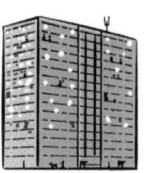

gorofa

flat

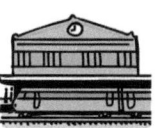

kituo cha treni

stesen kereta api

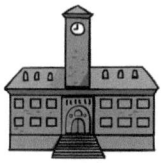

ukumbi wa mji

dewan bandar

MUSEUM

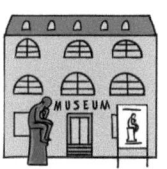

Makavazi

muzium

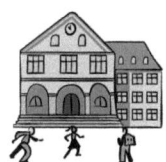

shule

sekolah

chuo kikuu

universiti

benki

bank

hospitali

hospital

hoteli

hotel

duka la dawa

farmasi

ofisi

pejabat

duka la kitabu

kedai buku

duka

kedai

duka la maua

kedai bunga

dukakuu

pasar raya

soko

pasaran

idara ya kuhifadhi

gedung

mwuza samaki

penjual ikan

kituo cha ununuzi

pusat membeli-belah

bandari

pelabuhan

Hifadhi

taman

benki

bangku

daraja

jambatan

vidato

tangga

chini ya ardhi

bawah tanah

handaki

terowong

kituo cha mabasi

hentian bas

bar

bar

mgahawa

restoran

sanduku la posta

peti surat

ishara ya barabara

papan tanda jalan

mita ya maegesho

meter parkir

bustani ya wanyama

zoo

kidimbwi cha kuogelea

kolam renang

msikiti

masjid

shamba
ladang

uchafuzi
pencemaran

makaburini
tanah perkuburan

kanisa
gereja

uwanja wa michezo
taman permainan

hekalu
kuil

mazingira
landskap

jani
daun

ishara ya mwelekeo
tiang tanda

njia
jalan

malisho
padang rumput

jiwe
batu

mtembeaji wa masafa
pejalan kaki

mti
pokok

mto
sungai

nyasi
rumput

ua
bunga

bonde

lembah

kilima

bukit

ziwa

tasik

msitu

hutan

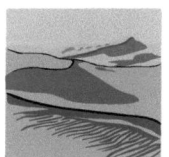

jangwa

padang pasir

volkano

gunung berapi

ngome

istana

upinde wa mvua

pelangi

uyoga

cendawan

mtende

pokok kelapa sawit

mbu

nyamuk

kuruka

terbang

chungu

semut

nyuki

lebah

buibui

labah-labah

mende

kumbang

chura

katak

kuchakuro

tupai

nungunungu

landak

sungura

arnab

bundi

burung hantu

ndege

burung

swan

angsa

nguruwe mwitu

babi jantan

kulungu

rusa

aina ya kongoni

moose

bwawa

empangan

tabo ya upepo

turbin angin

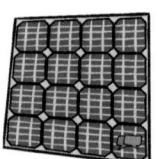

nishaji ya jua

panel solar

hali ya hewa

iklim

mgahawa
restoran

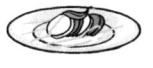

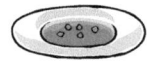

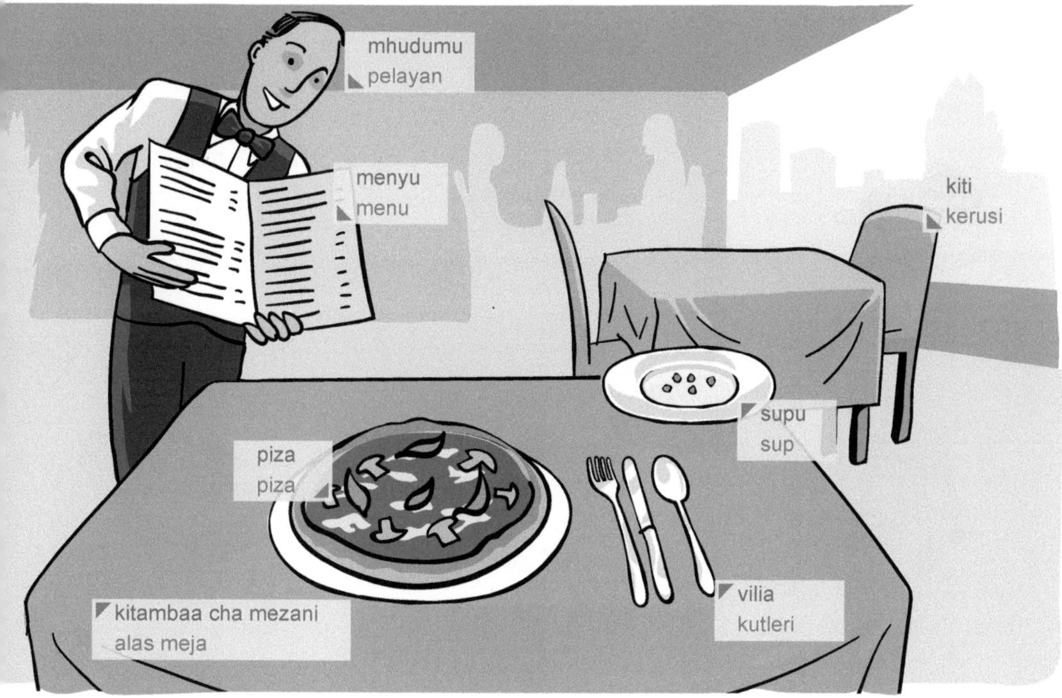
mhudumu
pelayan
menyu
menu
kiti
kerusi
supu
sup
piza
piza
vilia
kutleri
kitambaa cha mezani
alas meja

kiamsha hamu

pemula

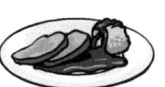

kozi kuu

hidangan utama

kitindamlo

pencuci mulut

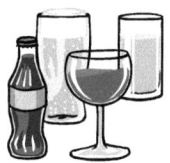

vinywaji

minuman

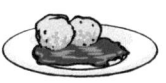

chakula

makanan

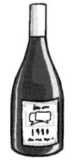

chupa

botol

chakula cha haraka

makanan segera

Streetfood

makanan jalanan

buli

teko

kisanduku cha sukari

mangkuk gula

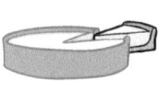

sehemu

bahagian

mashine ya espresso

mesin espreso

kiti kirefu

kerusi tinggi

muswada

bil

trei

dulang

kisu

pisau

uma

garfu

kijiko

sudu

kijiko cha chai

sudu teh

nepi

serviette

glasi

gelas

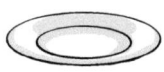

sahani

pinggan

sahani ya supu

mangkuk sup

sufuria

piring

mchuzi

sos

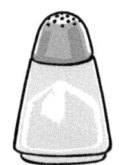

kichanyaji chumvi

tempat garam

kinu cha pilipili

pengisar lada

siki

cuka

mafuta

minyak

viungo

rempah

kechapu

sos

haradali

mustard

kachumbari nzito

mayones

dukakuu

pasar raya

ofa maalum
tawaran istimewa
FOR
mteja
pelanggan
maziwa
tenusu
matunda
buah-buahan
toroli
troli

BUTCHERS

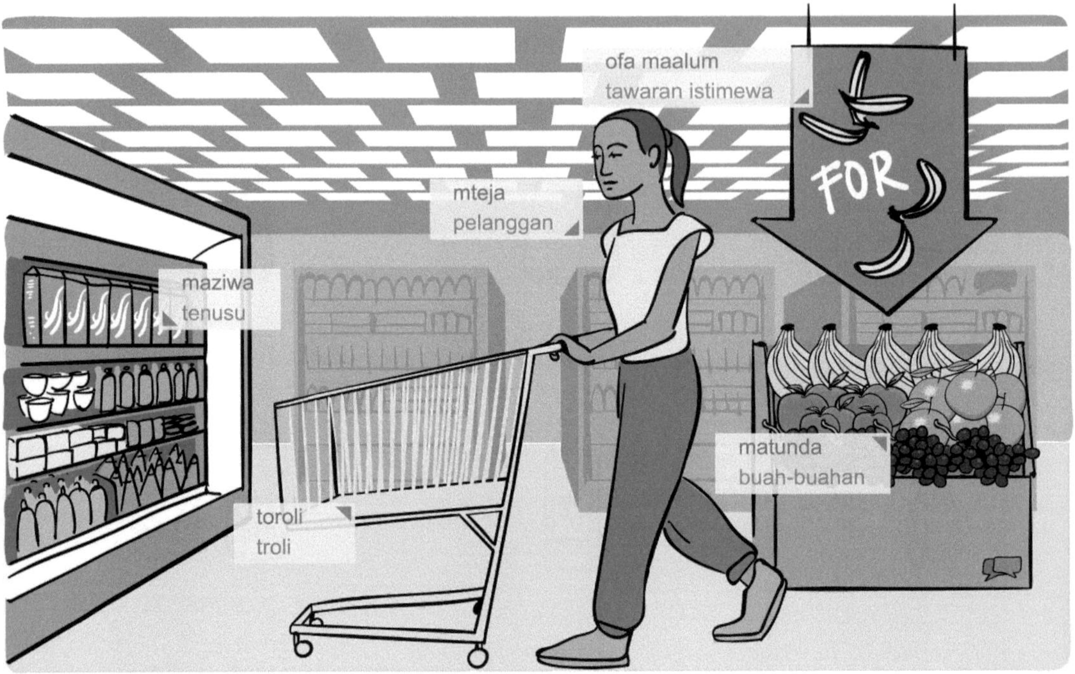

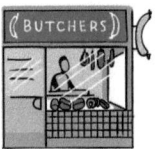

mchinjaji

tukang daging

BAKERY

mwokaji

kedai roti

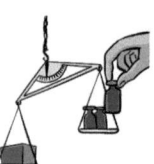

uzito

berat

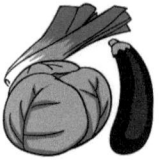

mboga

sayur-sayuran

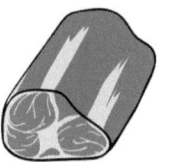

nyama

daging

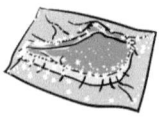

chakula waliohifadhiwa

makanan sejuk beku

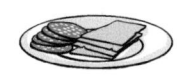

vipande vya nyama baridi

daging sejuk

chakula cha kopo

makanan dalam tin

sabuni ya unga

serbuk pencuci

pipi

gula-gula

bidhaa za kaya

produk isi rumah

bidhaa za kusafisha

produk pembersihan

mtu mauzo

orang jualan

mpaka

daftar tunai

keshia

juruwang

orodha ya manunuzi

senarai membeli-belah

masaa ya ufunguzi

waktu pembukaan

mkoba

beg duit

kadi

kad kredit

mfuko

beg

mfuko wa plastiki

beg plastik

maji
air

sharubati
jus

maziwa
susu

coke
kola

mvinyo
wain

bia
bir

pombe
alkohol

kakao
koko

chai
the

kahawa
kopi

spreso
espreso

kapuchino
kapucino

ndizi

pisang

tufaha

epal

machungwa

oren

tikiti

tembikai

lemon

lemon

karoti

lobak merah

kitunguu saumu

bawang putih

mianzi

buluh

kitunguu

bawang

uyoga

cendawan

karanga

kacang

nudo

mi

spageti
spageti

mpunga
nasi

saladi
salad

vibanzi
kerepek

viazi vya kukaanga
kentang goreng

piza
piza

hambaga
hamburger

sandwichi
sandwic

kipande
kutlet

paja la mnyama
ham

salami
salami

soseji
sosej

kuku
ayam

choma
panggang

samaki
ikan

oats ya uji

bubur oat

muesli

muesli

cornflakes

emping jagung

unga

tepung

kroisanti

kroisan

andazi

roti roll

mkate

roti

mkate wa kubanika

roti bakar

biskuti

biskut

siagi

mentega

maziwa mgando

dadih

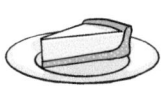

keki

kek

yai

telur

yai kukaanga

telur goreng

jibini

keju

aiskrimu

ais krim

sukari

gula

asali

madu

jemu

jem

kuenea kwa chokoleti

krim nougat

mchuzi wa viungo

kari

nyumba ya kilimo
rumah ladang

majani bale
bandela jerami

ghalani
bangsal

uwanja
bidang

farasi
kuda

trela
treler

mtoto
anak kuda

trekta
traktor

punda
keldai

kondoo
biri-biri

mwanakondoo
kambing

mbuzi

kambing

ng'ombe

lembu

ndama

anak lembu

nguruwe

babi

mwananguruwe

anak babi

fahali

lembu

batabukini

angsa

bata

itik

kifaranga

anak ayam

kuku

ayam betina

jogoo

ayam jantan muda

panya

tikus

paka

kucing

panya

tikus

ng'ombe

lembu jantan

mbwa

anjing

nyumba ya mbwa

rumah anjing

bomba la bustani

hos taman

debe la kumwagilia maji

bekas siraman

fyekeo

sabit

kulima

bajak

mundu

sabit

jembe

cangkul

uma wa nyasi

serampang peladang

shoka

kapak

toroli

kereta sorong

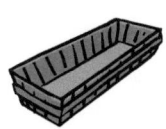

kupitia nyimbo

palung

chombo cha maziwa

tin susu

gunia

karung

ua

pagar

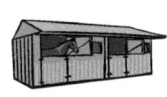

imara

stabil

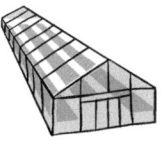

chafu

rumah hijau

udongo

tanah

mbegu

benih

mbolea

baja

kivunaji

jentuai

mavuno
tuai

mavuno
menuai

viazi vikuu
keladi

ngano
gandum

soya
soya

viazi
kentang

mahindi
jagung

rapa
biji sawi

mti wa matunda
pokok buah-buahan

muhogo
ubi kayu

nafaka
bijirin

nyumba
rumah

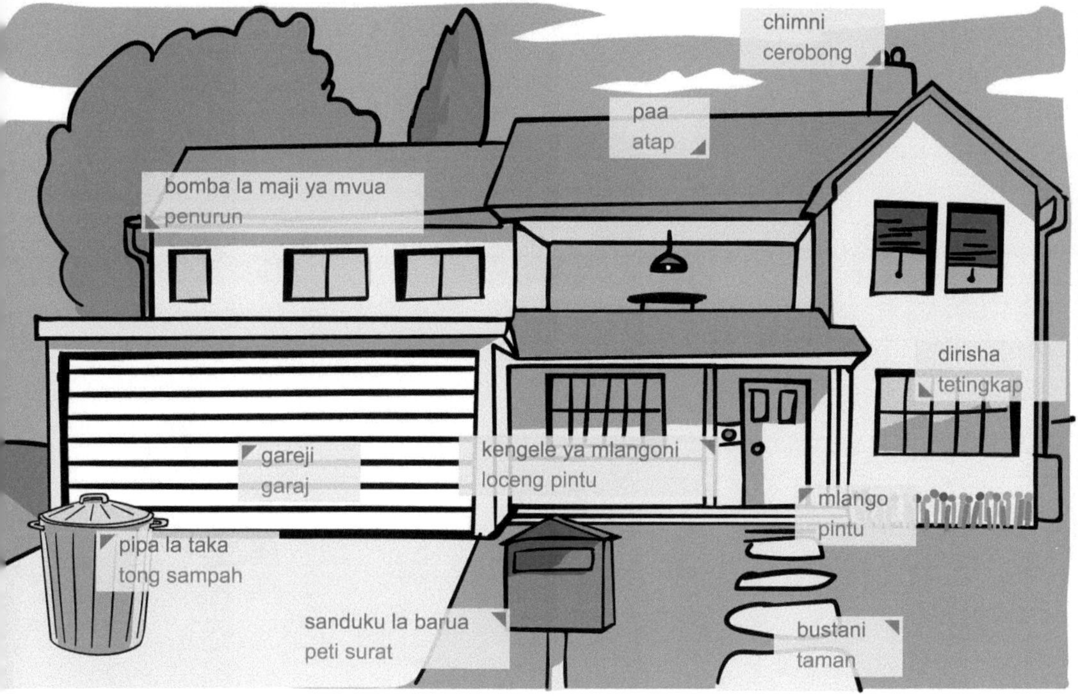
chimni
cerobong
paa
atap
bomba la maji ya mvua
penurun
dirisha
tetingkap
gareji
garaj
kengele ya mlangoni
loceng pintu
mlango
pintu
pipa la taka
tong sampah
sanduku la barua
peti surat
bustani
taman

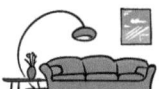

sebuleni

ruang tamu

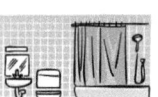

bafu

bilik air

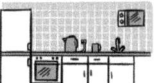

jikoni

dapur

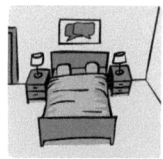

chumba cha kulala

bilik tidur

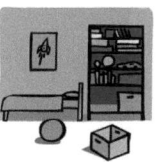

chumba ya mtoto

bilik kanak-kanak

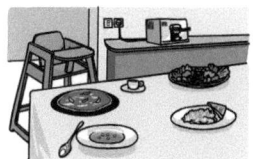

chumba cha kulia

ruang makan

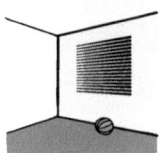

sakafu

lantai

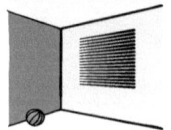

ukuta

dinding

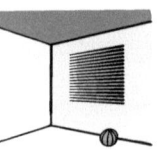

dari

siling

pishi

bilik bawah tanah

sauna

sauna

roshani

balkoni

mtaro

teres

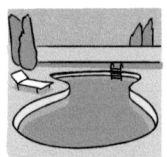

kidimbwi

kolam renang

mashine ya kukata nyasi

pemotong rumput

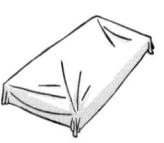

karatasi

lembaran

kitambaa cha kupamba
kitanda

penutup tilam

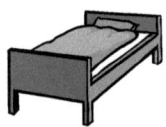

kitanda

katil

ufagio

penyapu

ndoo

timba

kubadili

suis

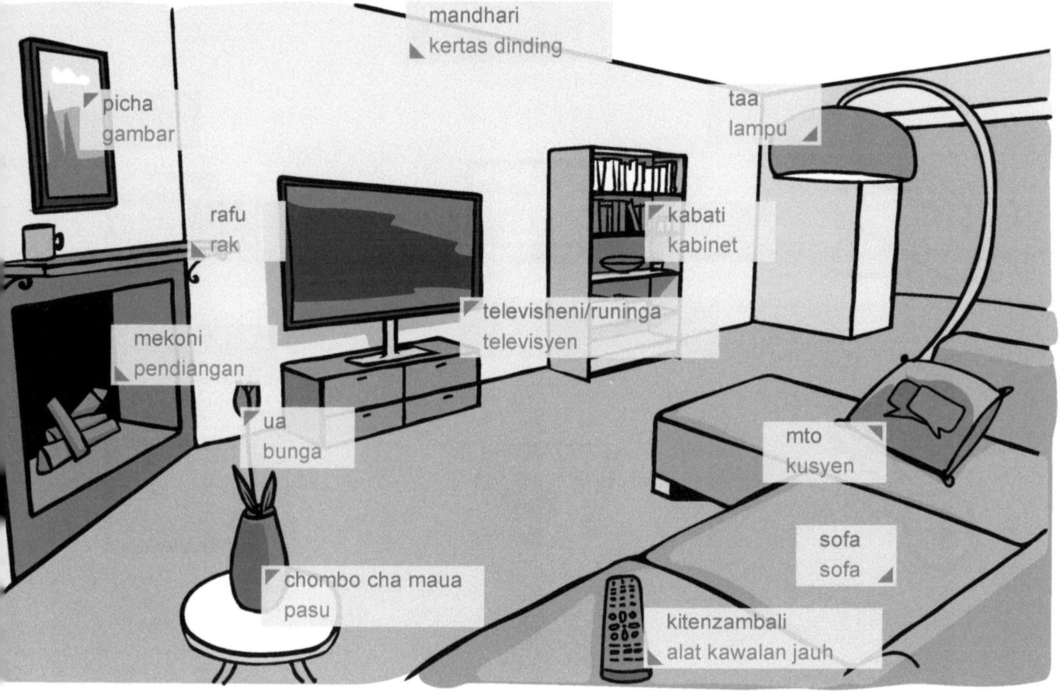

mandhari
kertas dinding

picha
gambar

taa
lampu

rafu
rak

kabati
kabinet

televisheni/runinga
televisyen

mekoni
pendiangan

ua
bunga

mto
kusyen

sofa
sofa

chombo cha maua
pasu

kitenzambali
alat kawalan jauh

zulia
permaidani

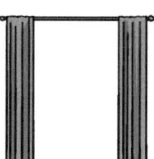

pazia
tirai

meza
meja

kiti
kerusi

kiti cha bembea
kerusi malas

armchair
kerusi

kitabu

buku

blanketi

selimut

mapambo

hiasan

kuni

kayu api

filamu

filem

kifaa cha hi-fi

hi-fi

ufunguo

kunci

gazeti

akhbar

uchoraji

lukisan

bango

poster

redio

radio

daftari

buku catatan

kifyonza

penyedut habuk

dungusi kakati

kaktus

mshumaa

lilin

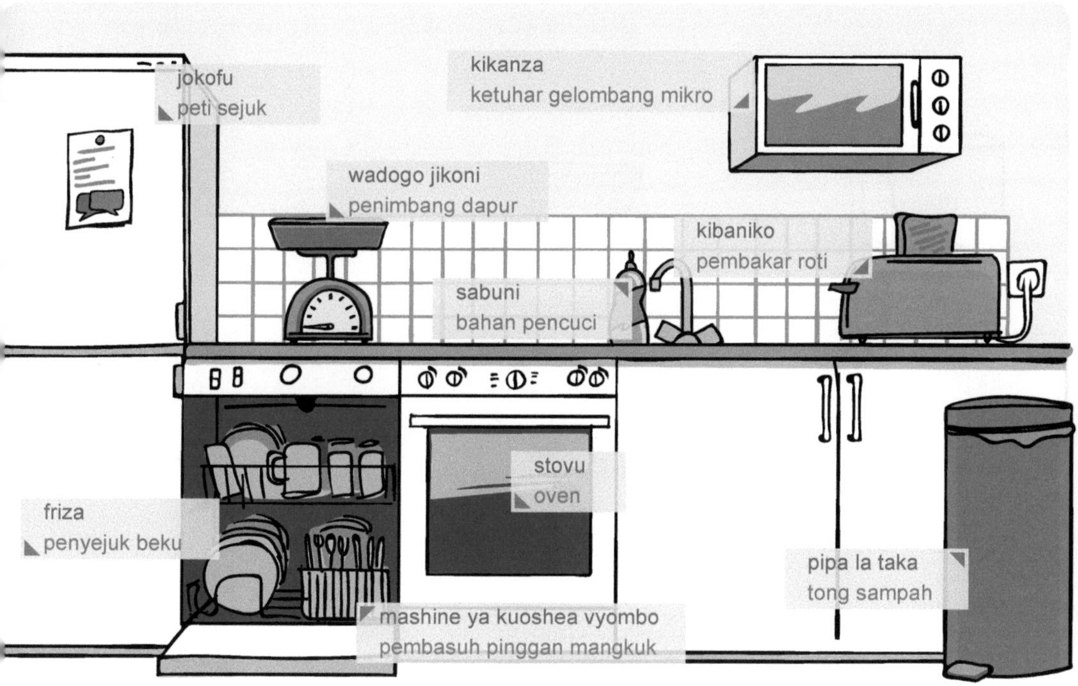

jokofu
peti sejuk

kikanza
ketuhar gelombang mikro

wadogo jikoni
penimbang dapur

kibaniko
pembakar roti

sabuni
bahan pencuci

friza
penyejuk beku

stovu
oven

pipa la taka
tong sampah

mashine ya kuoshea vyombo
pembasuh pinggan mangkuk

jiko la kupika

periuk dapur

chungu

periuk

sufuria ya chuma

periuk besi

wok / kadai

kuali

kaango

pan

birika

cerek

stima

pengukus

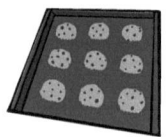

sinia ya kuoka

dulang pembakar

vyombo vya udongo

pinggan mangkuk

kombe

koleh

bakuli

mangkuk

vijiti vya kulia

penyepit

ukawa

senduk

mwiko mpana

spatula

burashi

pengadun

kichujio

penapis

chujio

ayak

mbuzi

pemarut

chokaa

mortar

barbeque

barbeku

moto wazi

pembakaran terbuka

ubao wa majaribio

papan pencincang

kijiti cha kusukuma unga

pin golekan

kizibuo

skru gabus

kopo

tin

inaweza kopo

pembuka tin

kishikio cha chungu

pemegang periuk

karo

sinki

brashi

berus

sifongo

span

kisagaji matunda

pengisar

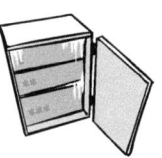

friji ya kina

penyejuk beku

chupa ya mtoto

botol bayi

bomba

paip

bafu

bilik air

joto
pemanasan
mfereji wa kuogea
mandi
taulo
tuala
pazia la kuogea
tirai mandi
maji ya kuoga yenye povu
mandi buih
hodhi
tab mandi
glasi
gelas
mashine ya kuosha
mesin basuh
bomba
paip
vigae
jubin
poti
tandas
karo
sinki

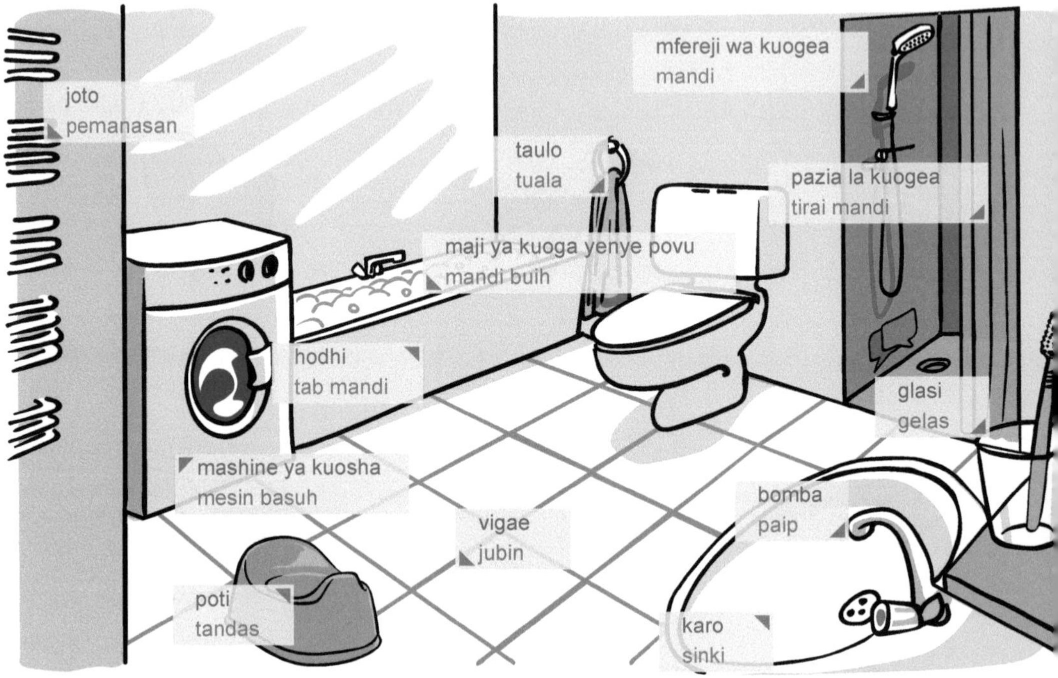

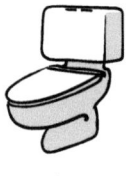

choo

tandas

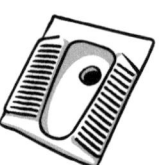

choo cha squat

tandas mencangkung

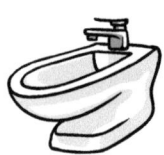

beseni la mviringo

mangkuk tandas

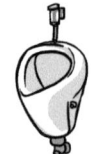

choo cha umma

tandas awam

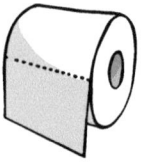

shashi

kertas tandas

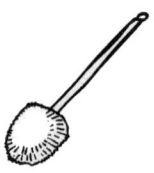

brashi ya choo

berus tandas

mswaki
berus gigi

dawa ya meno
ubat gigi

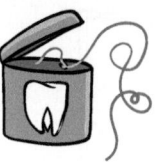

dawa ya meno
flos gigi

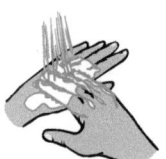

safisha
cuci

kuoga mkono
mandian tangan

msukumo wa maji
pancuran

bonde
besen

mpako wa pili
belakang berus

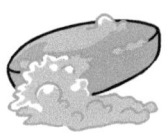

sabuni
sabun

jeli ya kuogea
gel mandian

shampuu
syampu

flana
flanel

toa maji
longkang

krimu
krim

kiondoa harufu
deodoran

kioo

cermin

kioo mkono

cermin tangan

kinyozi

pisau cukur

povu la kunyoa

busa cukur

baada ya kunyoa

selepas cukur

kichana

sikat

brashi

berus

kikausha nywele

pengering rambut

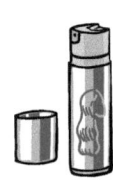

marashi ya nyewele

semburan rambut

vipodozi

mekap

kidomwa

gincu

varnish ya msumari

varnis kuku

pamba

bulu kapas

mkasi wa kucha

gunting kuku

manukato

pewangi

mkoba wa kuosha
beg basuhan

kinyesi
bangku

mizani
skala berat

nguo ya kuoga
jubah mandi

glavu za mpira
sarung tangan getah

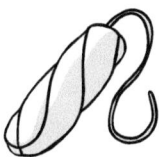

kisodo
kapas

sodo
tuala wanita

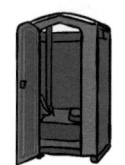

kemikali choo
tandas kimia

chumba ya mtoto
bilik kanak-kanak

saa ya kengele
jam loceng
kidoli cha kupakata
mainan kegemaran
gari bandia
kereta mainan
kelele
kerincing bayi
chumba cha midoli
rumah anak patung
sasa
hadiah

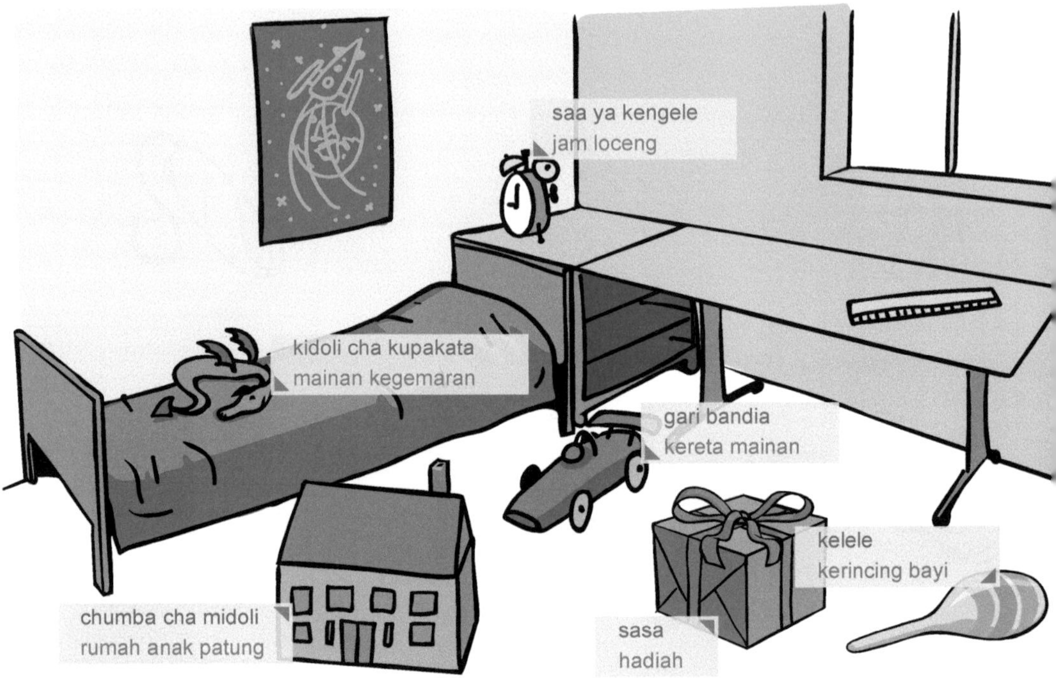

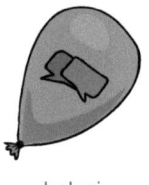

baluni
belon

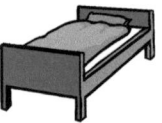

kitanda
katil

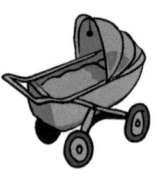

mashua
kereta sorong bayi

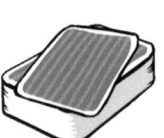

staha ya kadi
set kad

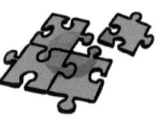

mchezo-fumb
susun suai gambar

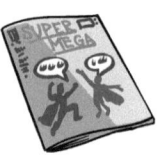

vichekesho
komik

matofali lego

batu bata lego

vitalu mwigo

blok mainan

hatua takwimu

figura aksi

suti ya kulalia

baju bayi

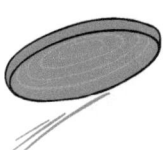

kisahani

frisbee

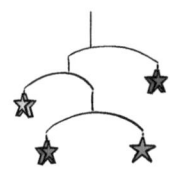

simu

mainan bayi mudah alih

ubao wa michezo

permainan papan

kete

dadu

garimoshi mwigo

set model kereta api

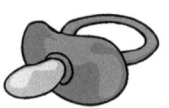

dummy

palsu

chama

parti

picha kitabu

buku bergambar

mpira

bola

kikaragosi

anak patung

kucheza

main

shimo la mchanga

lubang pasir

bembea

buai

vitu bandia

mainan

kiweko cha video ya mchezo

konsol permainan video

baiskeli ya magurudumu

basikal roda tiga

matatu

mwanasesere

anak patung beruang

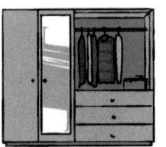

kabati

almari pakaian

nguo

pakaian

soksi

stoking

stokingi

stoking

kibano

ketat

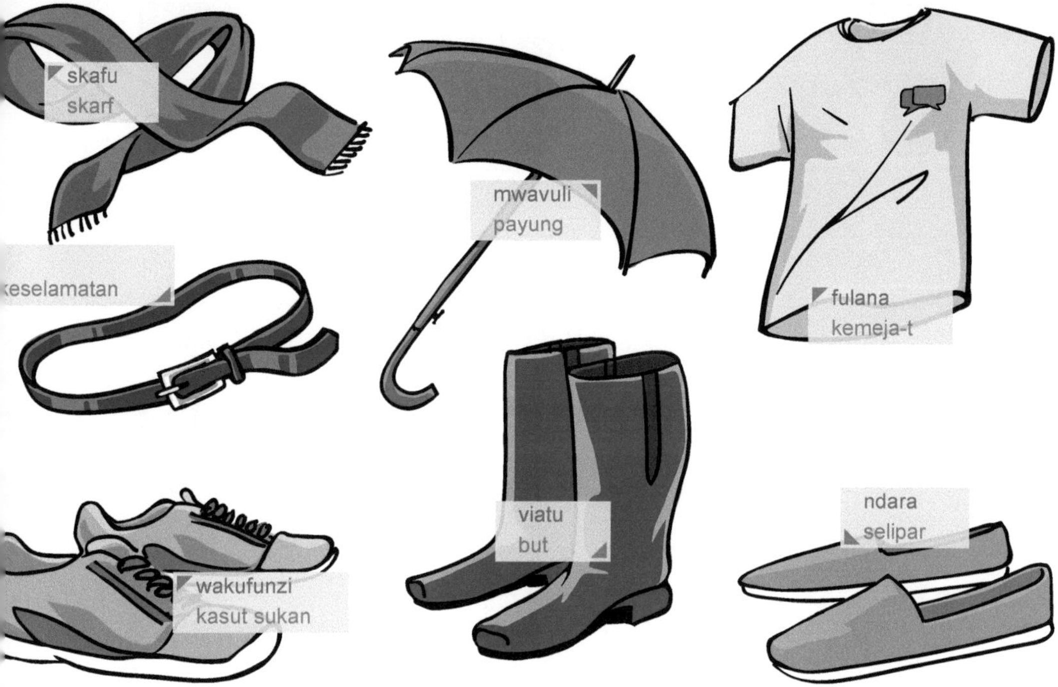

skafu
skarf

mwavuli
payung

fulana
kemeja-t

keselamatan

viatu
but

ndara
selipar

wakufunzi
kasut sukan

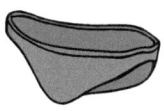

malapa
sandal

viatu
kasut

mabuti ya mpira
but getah

suruali ya ndani
seluar dalam

sidiria
coli

fulana
ves

mwili

badan

suruali

Seluar panjang

dangirizi

jean

sketi

skirt

blauzi

blaus

shati

kemeja

vuta

baju panas sarung

sweta

sweater

bleza

blazer

jaketi

jaket

koti

kot

koti la mvua

baju hujan

maleba

kostum

gauni

pakaian

mavazi ya harusi

baju pengantin

suti

sut

vazi la usiku

baju tidur

pajama

baju tidur

sari

sari

skafu

skarf kepala

kilemba

serban

burka

burqa

kaftan

kaftan

abaya

abaya/jubah

vazi la kuogelea

baju renang

vazi la kiume la kuogelea

seluar renang

kaptura

seluar pendek

teitei

sut balapan

aproni

apron

glavu

sarung tangan

kifungo

butang

glasi

cermin mata

bangili

gelang tangan

mkufu

rantai leher

pete

cincin

herini

subang

kofia

topi

kiango cha koti

penyangkut kot

kofia

topi

tai

tali leher

zipu

zip

kofia

topi keledar

kanda za suruali

pendakap

sare za shule

uniform sekolah

sare

seragam

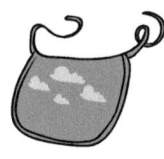

bibu

lapik dada

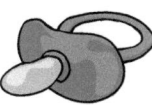

dummy

palsu

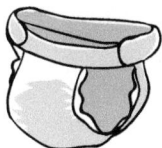

nepi

lampin

ofisi
pejabat

seva
pelayan
kabati la kuweka faili
kabinet fail
karatasi
kertas
kichapishaji
mesin pencetak
kiwambo
monitor
dawati
meja
kipanya
tetikus
folda
folder
kibodi
papan kekunci
cha kuweka karatasi chafu
sampah
kiti
kerusi
kompyuta
komputer

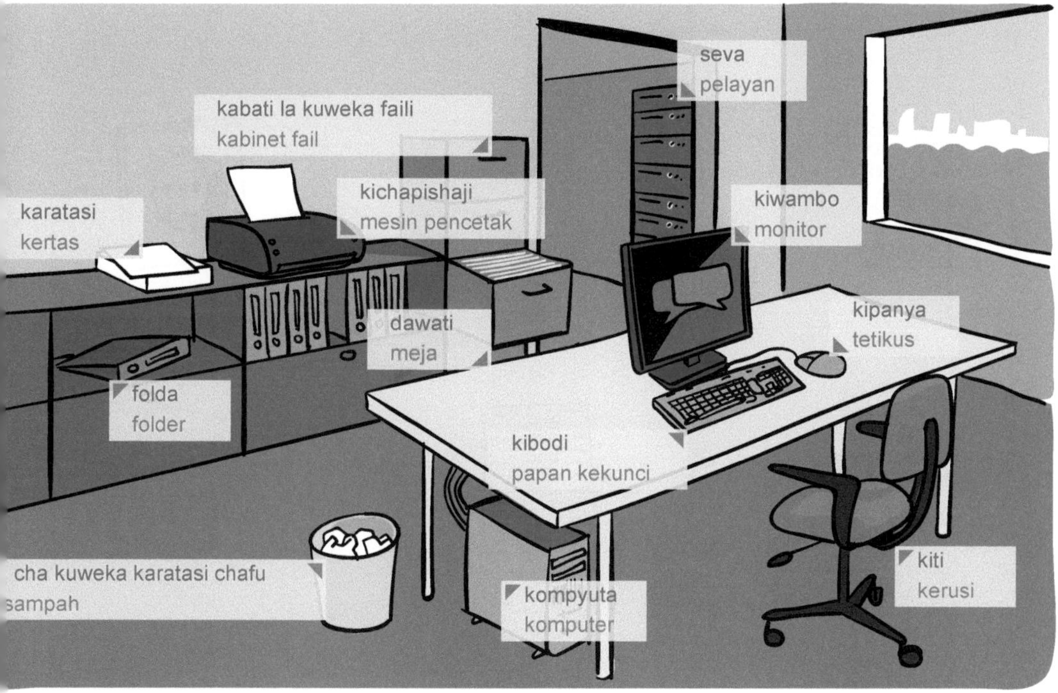

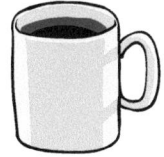

kmobe la kahawa

cawan kopi

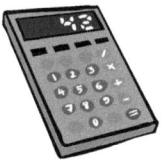

kikokotoo

kalkulator

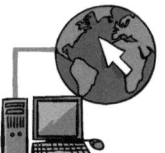

biashara

internet

mbali

komputer riba

barua

surat

ujumbe

mesej

rununu

mudah alih

intaneti

rangkaian

fotokopia

mesin fotokopi

programu

perisian

simu

telefon

soketi

soket plag

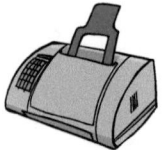

kipepesi

mesin faks

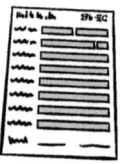

fomu

bentuk

hati

dokumen

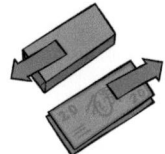

kununua
beli

kulipa
bayar

biashara
berdagang

fedha
wang

dola
dolar

yuro
euro

yeni
yen

rouble
rubel

faranga ya Uswisi
franc swiss

renminbi yuan
renminbi yuan

rupia
rupee

eneo la kulipia
mata tunai

ofisi ya ubadilishanaji

pejabat tukaran mata wang

dhahabu

emas

fedha

perak

mafuta

minyak

nishati

tenaga

bei

harga

mkataba

kontrak

kodi

cukai

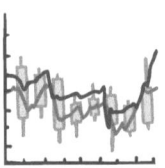

bidhaa

stok

kazi

kerja

mfanyakazi

pekerja

mwajiri

majikan

kiwanda

kilang

duka

kedai

kazi
pekerjaan

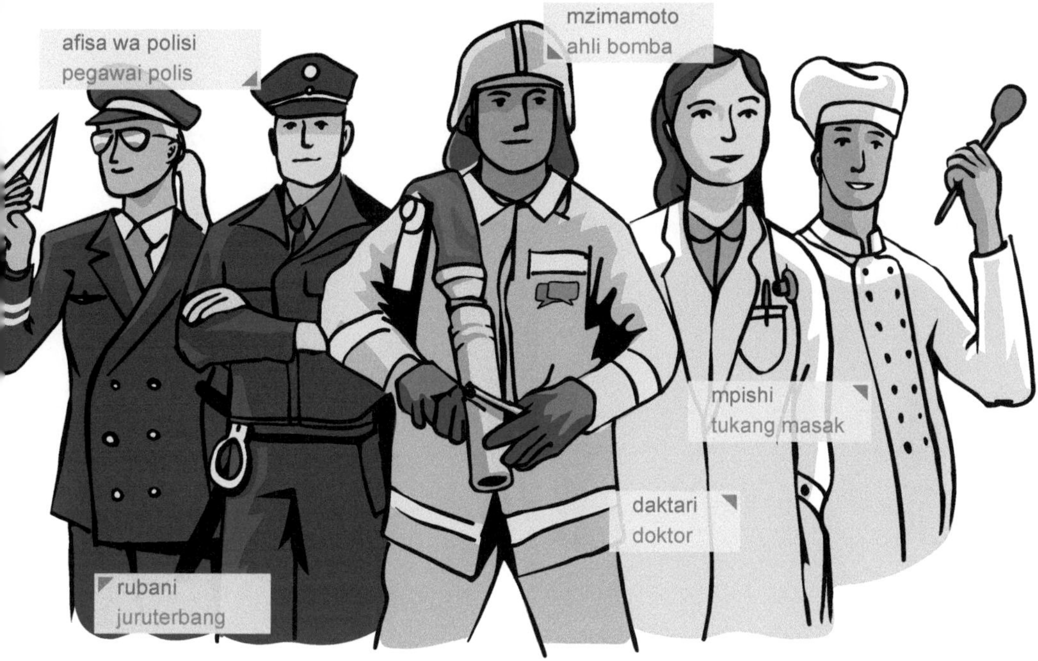

afisa wa polisi
pegawai polis
mzimamoto
ahli bomba
mpishi
tukang masak
daktari
doktor
rubani
juruterbang

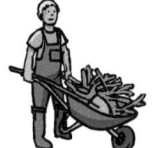

mtunza bustani

tukang kebun

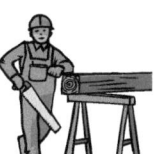

seremala

tukang kayu

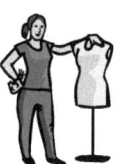

mshonaji

tukang jahit

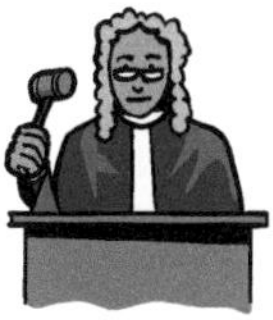

hakimu

hakim

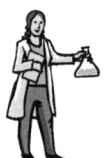

mwanakemia

ahli kimia

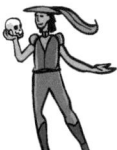

muigizaji

pelakon

dereva wa basi

pemandu bas

dereva wa teksi

pemandu teksi

mvuvi

nelayan

mwanamke wa kusafisha

wanita pencuci

mwezekaji

kasau

mhudumu

pelayan

mwindaji

pemburu

mchoraji

pelukis

mwokaji

bakeri

umeme

juruelektrik

mjenzi

pembangun

mhandisi

jurutera

mchinjaji

penjual daging

fundi bomba

tukang paip

mwanaposta

posmen

mwanajeshi

askar

msanifu majengo

arkitek

keshia

juruwang

muuza maua

kedai bunga

msusi

pendandan rambut

kondakta

konduktor

mekanika

mekanik

nahodha

kapten

daktari wa meno

doktor gigi

mwanasayansi

ahli sains

rabbi

tuhanku

imamu

imam

mtawa

sami

kasisi

paderi

zana
alat

nyundo
tukul
koleo
playar
bisibisi
pemutar skru
spana
sepana
kurunzi
obor

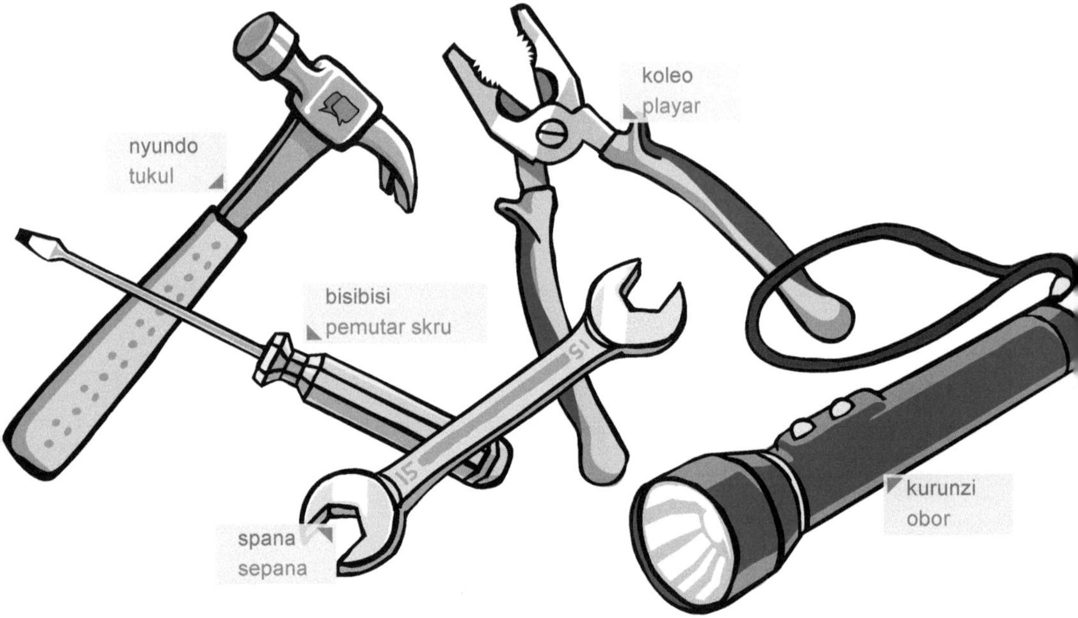

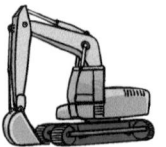

mchimbaji

pengorek

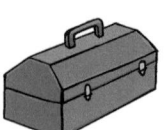

sanduku la vifaa

kotak peralatan

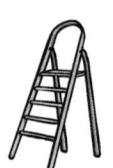

ngazi

tangga

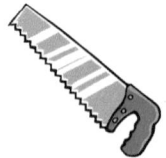

msumeno

gergaji

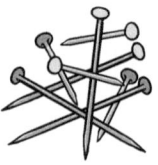

misumari

kuku

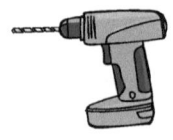

kuchimba visima

gerudi

kukarabati

baiki

sepetu

penyodok

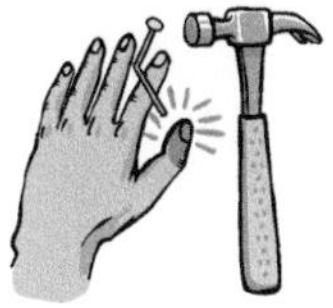

Lo!

Celaka!

kishikio cha uchafu

penadah sampah

chungu cha rangi

periuk cat

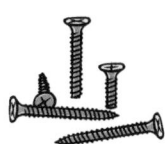

skurubu

skru

ala za muziki
alat muzik

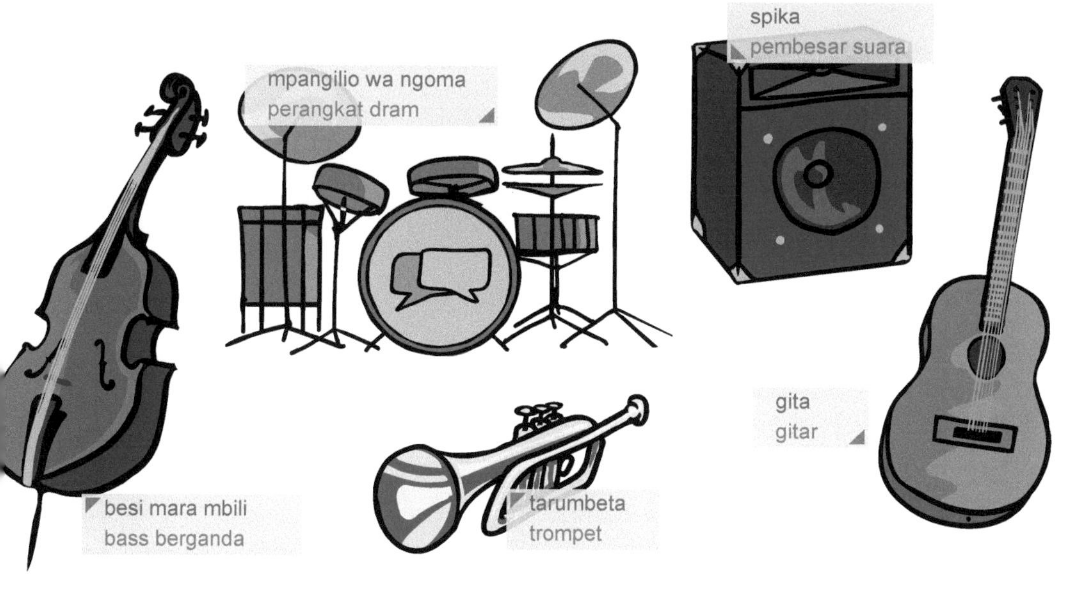

spika
pembesar suara

mpangilio wa ngoma
perangkat dram

gita
gitar

besi mara mbili
bass berganda

tarumbeta
trompet

piano

piano

fidla

biola

ubeji

bass

timpani

timpani

ngoma

dram

kibodi

papan kekunci

saksafoni

saksofon

filimbi

seruling

maikrofoni

mikrofon

bustani ya wanyama
zoo

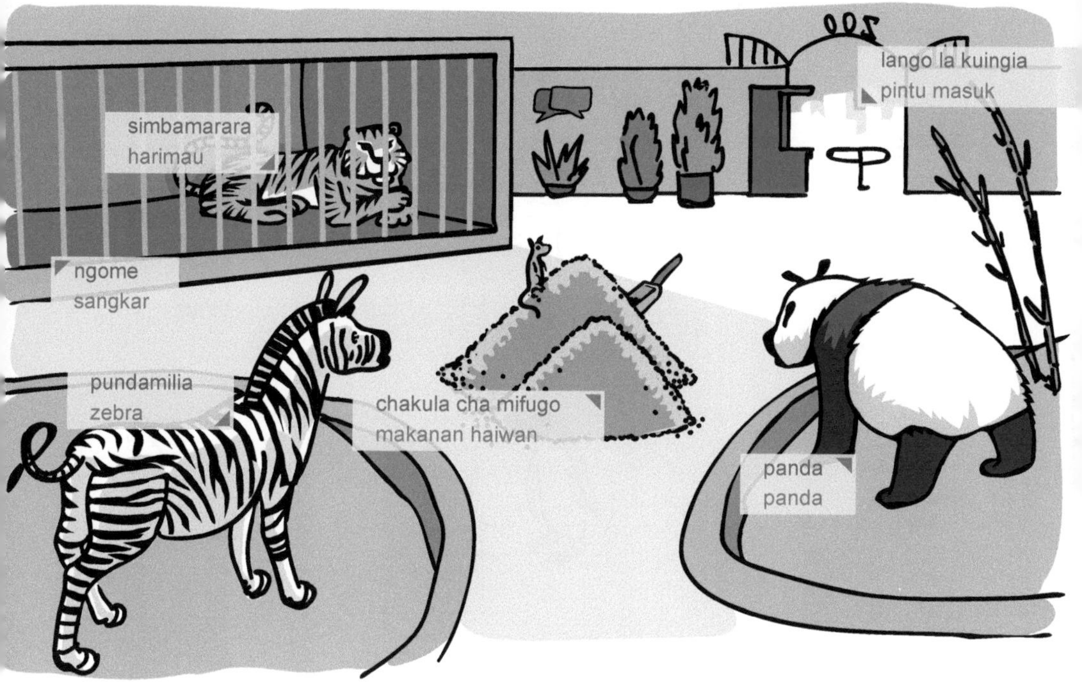

lango la kuingia
pintu masuk
simbamarara
harimau
ngome
sangkar
pundamilia
zebra
chakula cha mifugo
makanan haiwan
panda
panda

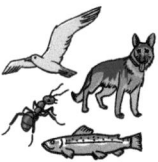

wanyama
haiwan

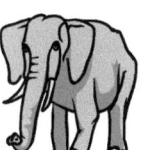

tembo
gajah

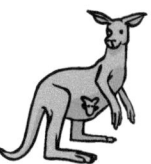

kangaruu
kanggaru

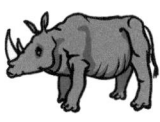

kifaru
badak sumbu

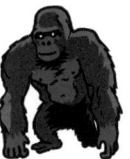

sokwe
gorila

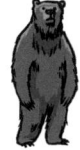

dubu
beruang

ngamia

unta

mbuni

burung unta

simba

singa

tumbili

monyet

heroe

flamingo

kasuku

nuri

dubu

beruang kutub

penguini

penguin

papa

yu

tausi

merak

nyoka

ular

mamba

buaya

mtunza wanyama

penjaga zoo

muhuri

anjing laut

jaguar

jaguar

mwanafarasi

kuda

chui

harimau

kiboko

badak air

twiga

zirafah

tai

helang

nguruwe mwitu

babi jantan

samaki

ikan

kobe

penyu

sili

anjing laut

mbweha

musang

paa

rusa

soka ya marekani
bola sepak Amerika

uendeshaji baiskeli
berbasikal

tenisi
tenis

mpira wa kikapu
bola keranjang

kuogelea
renang

ndondi
tinju

magongo ya barafuni
hoki ais

soka
bola sepak

vinyoya
badminton

riadha
olahraga

mpira wa mikono
bola baling

skii
ski

polo
polo

kuruka
lompat

cheka
ketawa

kumbatia
peluk

kutembea
berjalan

kuimba
menyanyi

ota ndoto
mimpi

kuomba
berdoa

busu
cium

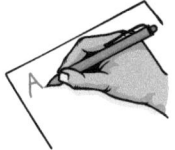

kuandika

tulis

kuteka

lukis

angalia

tunjuk

sukuma

tolak

kutoa

beri

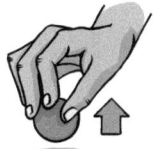

kuchukua

ambil

kuwa

ada

fanya

buat

kuwa

ialah

kusimama

berdiri

kukimbia

lari

vuta

tarik

kutupa

buang

kuanguka

jatuh

hadaa

tipu

kusubiri

tunggu

kubeba

bawa

kukaa

duduk

vaa nguo

pakai

usingizi

tidur

kuamka

bangkit

kuangalia

lihat pada

lia

menangis

kiharusi

strok

chana nywele

sikat

ongea

cakap

kuelewa

faham

kuuliza

tanya

kusikiliza

dengar

kunywa

minum

kula

makan

nadhifisha

mengemas

upendo

sayang

mpishi

masak

gari

pandu

kuruka

terbang

meli

belayar

kokotoa

kira

kusoma

baca

kujifunza

belajar

kazi

kerja

kuoa

nikah

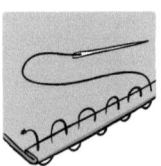

kushona

jahit

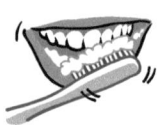

piga mswaki

memberus gigi

kuua

bunuh

moshi

asap

kutuma

hantar

bibi
nenek

babu
datuk

baba
bapa

mama
ibu

mtoto
bayi

binti
anak perempuan

bin
anak lelaki

mgeni

tetamu

shangazi

mak cik

mjomba

pak cik

kaka

abang

dada

kakak

mwili

badan

paji la uso
dahi
jicho
mata
bega
bahu
kidole
jari
uso
muka
kidevu
dagu
mkono
tangan
mguu
kaki
matiti
dada
mkono
lengan

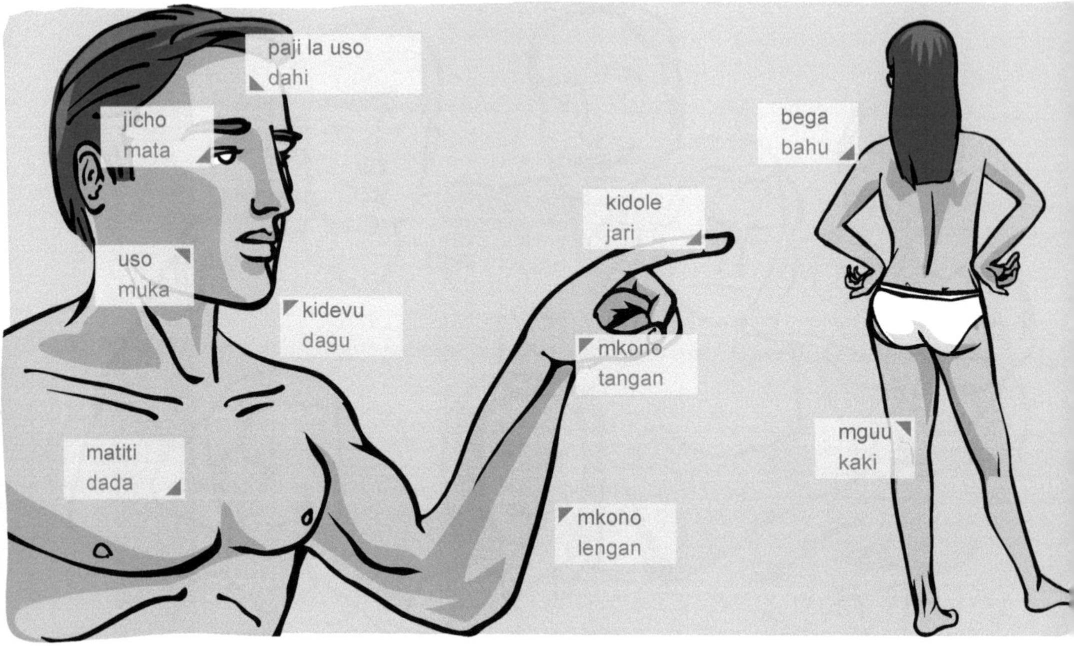

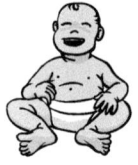

mtoto

bayi

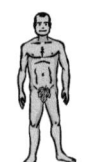

mwanamume

lelaki

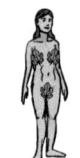

mwanamke

wanita

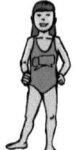

msichana

perempuan

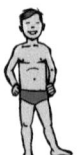

mvulana

lelaki

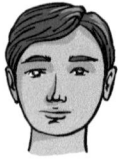

kichwa

kepala

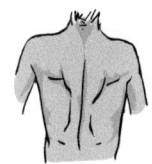

nyuma

belakang

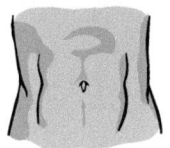

tumbo

bawah perut

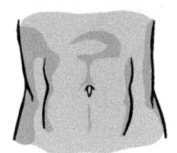

kitovu

pusat

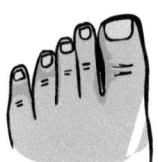

chano

jari kaki

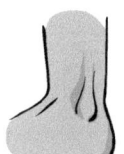

kisigino

tumit

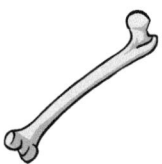

mfupa

tulang

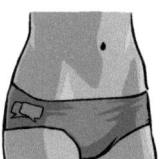

nyonga

pinggul

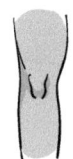

goti

lutut

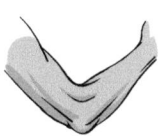

kiwiko

siku

pua

hidung

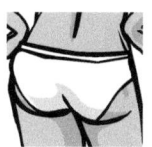

chini

bawah

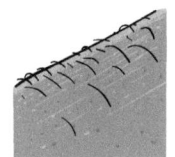

ngozi

kulit

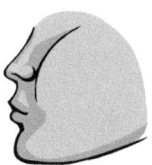

shavu

pipi

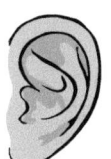

sikio

telinga

mdomo

bibir

kinywa

mulut

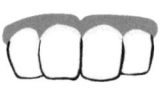

jino

gigi

ulimi

lidah

ubongo

otak

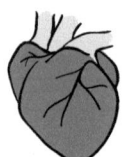

moyo

hati

misuli

otot

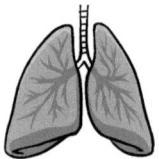

pafu

paru-paru

ini

hati

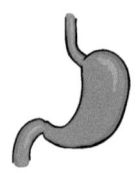

tumbo

perut

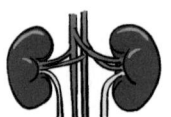

figo

buah pinggang

jinsia

seks

kondomu

kondom

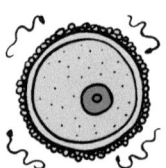

ovari

faraj

shahawa

mani

mimba

mengandung

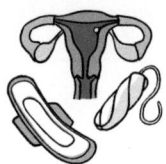

hedhi

haid

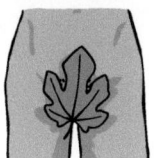

uke

faraj

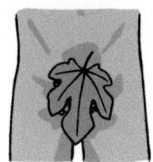

uume

penis

unyusi

kening

nywele

rambut

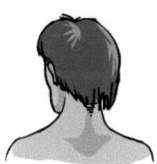

shingo

leher

hospitali
hospital

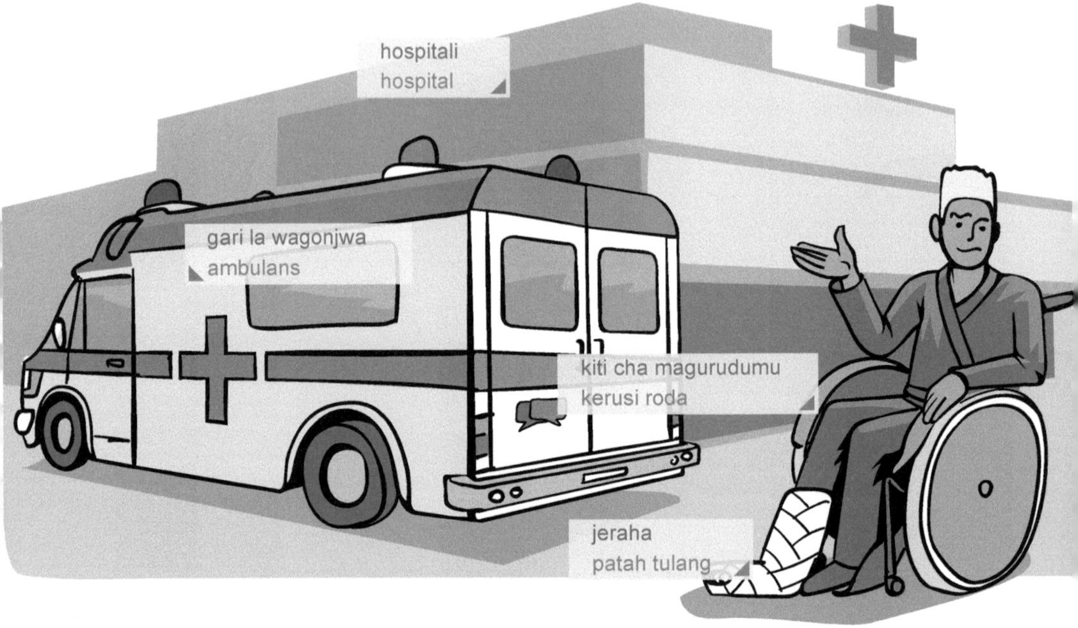

hospitali
hospital
gari la wagonjwa
ambulans
kiti cha magurudumu
kerusi roda
jeraha
patah tulang

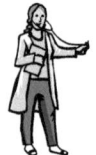

daktari

doktor

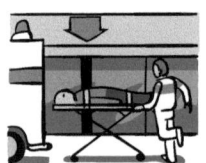

chumba cha dharura

bilik kecemasan

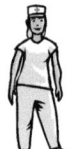

muuguzi

jururawat

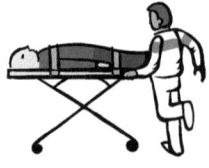

dharura

kecemasan

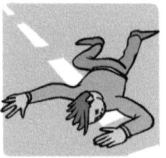

kupoteza fahamu

tak sedar

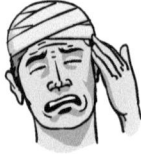

maumivu

sakit

kuumia

kecederaan

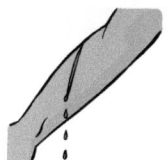

kutokwa na damu

pendarahan

mshtuko wa moyo

serangan jantung

kiharusi

strok

mzio

alergi

kikohozi

batuk

homa

demam

mafua

selesema

kuharisha

cirit-birit

maumivu ya kichwa

sakit kepala

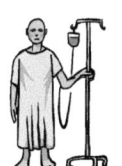

kansa

kanser

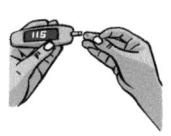

ugonjwa wa kisukari

diabetes

daktari mpasuaji

pakar bedah

kisu kidogo cha kupasulia

pisau bedah

operesheni

pembedahan

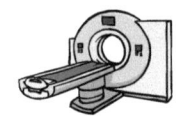

picha changanufu ya mwili

CT

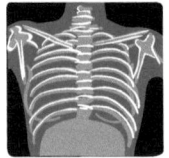

Eksrei

x-ray

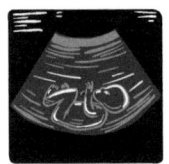

mawimbi sauti

ultrabunyi

barakoa ya uso

topeng muka

ugonjwa

penyakit

chumba cha kusubiri

bilik menunggu

mkongojo

penongkat

plasta

plaster

bendeji

pembalut

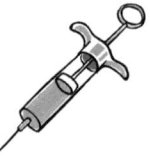

sindano

suntikan

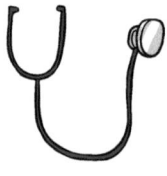

stetoskopu

stetoskop

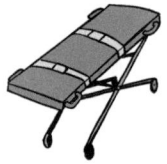

machela

pengusung

kipimajoto cha kliniki

termometer klinik

kuzaliwa

kelahiran

unene kupita kiasi

berat badan berlebihan

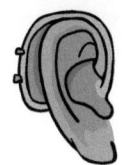

kusikia misaada

alat pendengaran

kipukusi

disinfektan

maambukizi

jangkitan

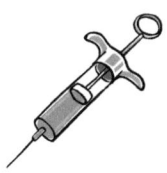

virusi

virus

VVU / UKIMWI

HIV / AIDS

dawa

perubatan

chanjo

vaksinasi

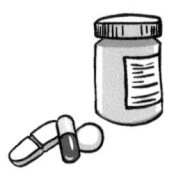

vidonge

tablet

kidonge

pil

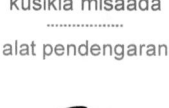

simu ya dharura

panggilan kecemasan

haemodainamometa

pantau tekanan darah

mgonjwa / mwenye afya

sakit / sihat

Msaada!

Tolong!

kengele

penggera

pigo

serang

shambulizi

serangan

hatari

bahaya

lango la dharura

pintu kecemasan

Moto!

Api!

kizima moto

alat pemadam api

ajali

kemalangan

vifaa vya huduma ya kwanza

alat pertolongan cemas

wito wa msaada

SOS

polisi

polis

Ulaya

Eropah

Amerika ya Kaskazini

Amerika Utara

Amerika ya Kusini

Amerika Selatan

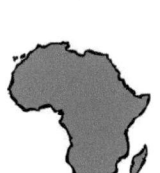

Afrika

Afrika

Asia

Asia

Australia

Australia

Atlantiki

Atlantic

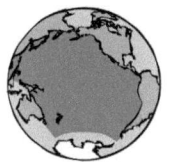

Pasifiki

Pasifik

Bahari ya Hindi

Lautan Hindi

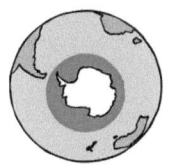

Bahari ya Antaktiki

Lautan Antartik

Bahari ya Aktiki

Lautan Artik

Ncha ya Kaskazini

Kutub utara

Ncha ya Kusini

Kutub Selatan

Antaktika

Antartika

dunia

bumi

nchi

tanah

bahari

laut

kisiwa

pulau

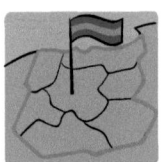

taifa

negara

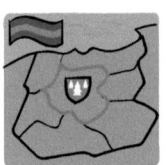

jimbo

negeri

uso wa saa

muka jam

akrabu ya saa

tangan jam

akrabu ya dakika

tangan minit

akrabu ya sekunde

terpakai

Ni saa ngapi?

Jam berapa sekarang

siku

hari

wakati

masa

sasa

sekarang

saa ya dijitali

jam digital

dakika

minit

saa

jam

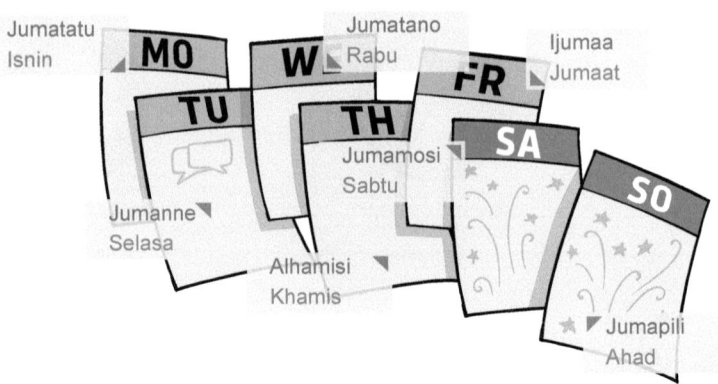

Jumatatu
Isnin

Jumatano
Rabu

Ijumaa
Jumaat

Jumanne
Selasa

Jumamosi
Sabtu

Alhamisi
Khamis

Jumapili
Ahad

jana

semalam

leo

hari ini

kesho

esok

asubuhi

pagi

saa sita mchana

tengah hari

jioni

petang

MO	TU	WE	TH	FR	SA	SU
1	2	3	4	5	6	7
8	9	10	11	12	13	14
15	16	17	18	19	20	21
22	23	24	25	26	27	28
29	30	31	1	2	3	4

siku za biashara

hari kerja

MO	TU	WE	TH	FR	SA	SU
1	2	3	4	5	6	7
8	9	10	11	12	13	14
15	16	17	18	19	20	21
22	23	24	25	26	27	28
29	30	31	1	2	3	4

mwishoni mwa wiki

hari minggu

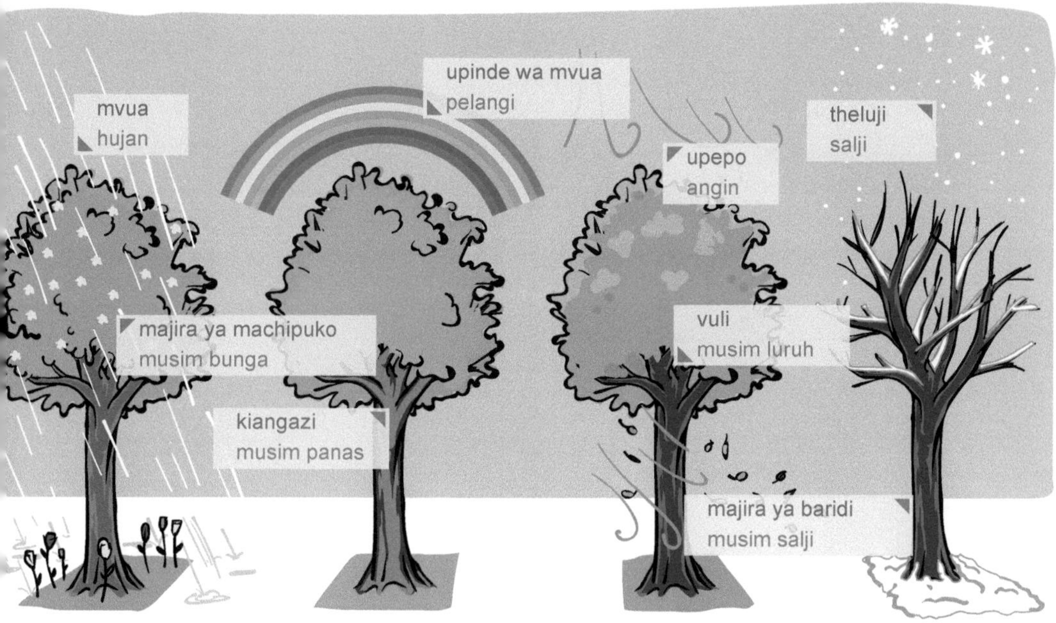

mvua
hujan

upinde wa mvua
pelangi

theluji
salji

upepo
angin

majira ya machipuko
musim bunga

vuli
musim luruh

kiangazi
musim panas

majira ya baridi
musim salji

4.APRIL	11°	☀
5.APRIL	4°	🌧
6.APRIL	13°	⛈
7.APRIL	8°	❄
8.APRIL	10°	☀

utabiri wa hali ya hewa

ramalan cuaca

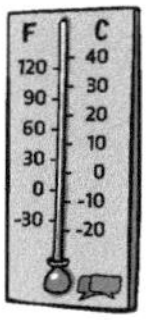

kipimajoto

termometer

mwanga wa jua

sinar matahari

wingu

awan

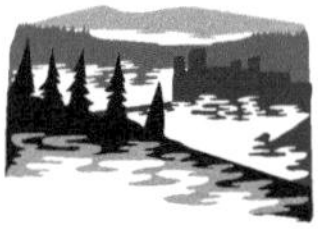

ukungu

kabus

unyevu

lembapan

umeme

kilat

radi

petir

dhoruba

ribut

mvua ya mawe

hujan batu

monsuni

monsun

mafuriko

banjir

barafu

ais

Januari

Januari

Februari

Februari

Machi

Mac

Aprili

April

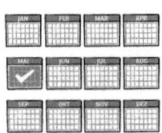

Mei

Mei

Juni

Jun

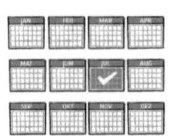

Julai

Julai

Agosti

Ogos

mwaka - tahun

Septemba
....
September

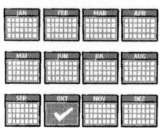

Oktoba
....
Oktober

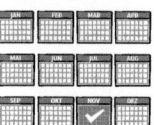

Novemba
....
November

Desemba
....
Disember

mduara
....
bulatan

mraba
....
petak

mstatili
....
segi empat tepat

pembetatu
....
segitiga

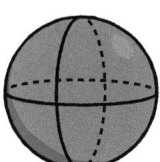

nyanja
....
sfera

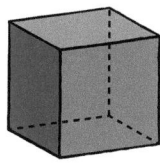

mchemraba
....
kiub

nyeupe

putih

manjano

kuning

chungwa

oren

rangi ya waridi

merah jambu

nyekundu

merah

hudhurungi

ungu

bluu

biru

kijani

hijau

hanja

coklat

jivujivu

kelabu

nyeusi

hitam

mengi / kidogo

banyak / sedikit

hasira / pole

marah / tenang

nzuri / mbaya

cantik / hodoh

mwanzo / mwisho

bermula / tamat

kubwa / ndogo

besar kecil

angavu / giza

terang / gelap

kaka / dada

abang / kakak

safi / chafu

bersih / kotor

kamilika / tokamilika

lengkap / tidak lengkap

siku / usiku

hari / malam

wafu / hai

mati / hidup

pana / nyembamba

luas / sempit

kulika / kutolika

boleh dimakan / tidak boleh dimakan

ovu / ema

jahat / baik

sisimkwa / udhika

teruja / bosan

nene / nyembamba

gemuk / kurus

kwanza / mwisho

pertama / terakhir

rafiki / adui

kawan / musuh

jaa / tupu

penuh / kosong

ngumu / laini

keras / lembut

nzito / nyepesi

berat / ringan

njaa / kiu

lapar / dahaga

mgonjwa / mwenye afya

sakit / sihat

haramu / kisheria

menyalahi undang-undang / undang-undang

akili / kijinga

pintar / bodoh

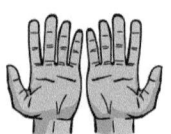

kushoto / kulia

kiri / kanan

karibu / mbali

dekat / jauh

mpya / kutumika
baru / lama

kitu / jambo
tiada / sesuatu

zee / changa
tua / muda

waka / zima
hidup / mati

wazi / fungwa
terbuka / tertutup

utulivu / kelele
diam / bising

tajiri / masikini
kaya / miskin

sahihi / kosa
betul / salah

mbaya / laini
kasar / halus

huzunika / furahia
sedih / gembira

fupi /ndefu
pendek / panjang

polepole / haraka
lambat / laju

nyevu / kavu
basah / kering

joto / baridi
panas / sejuk

vita / amani
berperang / berdamai

0

sufuri

sifar

1

moja

satu

2

mbili

dua

3

tatu

tiga

4

nne

empat

5

tano

lima

6

sita

enam

7

saba

tujuh

8

nane

lapan

9

tisa

sembilan

10

kumi

sepuluh

11

kumi na moja

sebelas

12

kumi na mbili

dua belas

13

kumi na tatu

tiga belas

14

kumi na nne

empat belas

15

kumi na tano

lima belas

16

kumi na sita

enam belas

17

kumi na saba

tujuh belas

18

kumi na nane

lapan belas

19

kumi na tisa

Sembilan belas

20

ishirini

dua puluh

100

mia

ratus

1.000

elfu

ribu

1.000.000

milioni

juta

lugha

bahasa-bahasa

Kiingereza

Bahasa Inggeris

Kiingereza cha Marekani

Bahasa Inggeris Amerika

Kimandarini cha Uchina

Bahasa Cina Mandarin

Kihindi

Bahasa Hindi

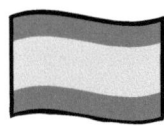

Kihispania

Bahasa Sepanyol

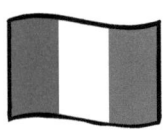

Kifaransa

Bahasa Perancis

Kiarabu

Bahasa Arab

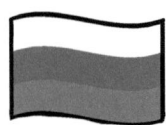

Kirusi

Bahasa Rusia

Kireno

Bahasa Portugis

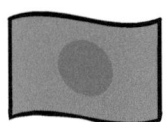

Kibengali

Bahasa Benggali

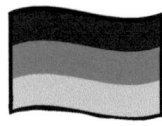

Kijerumani

Bahasa Jerman

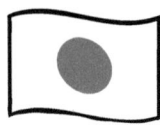

Kijapani

Bahasa Jepun

mimi

saya

wewe

anda

yeye / yeye / ni

dia / dia / ia

sisi

kita

wewe

anda

wao

mereka

nani?

siapa?

nini?

apa?

jinsi gani?

bagaimana?

wapi?

di mana?

lini?

bila?

jina

nama

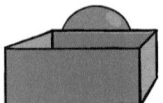

nyuma

belakang

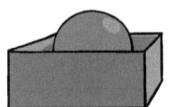

katika

dalam

mbele ya

di hadapan

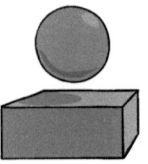

juu ya

lebih

kwenye

pada

chini ya

di bawah

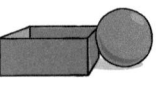

kando

bersebelahan

kati

antara

mahali

tempat